ERNEST LA JEUNESSE

La Prière d'Anatole France

PARIS
CHEZ JACQUES TOURNEBROCHE
ÉDITEUR
11, Boulevard des Filles du Calvaire

—

1895

La Prière d'Anatole France

Ernest La Jeunesse

La Prière d'Anatole France

1895

LA PRIÈRE D'ANATOLE FRANCE

25 Décembre 1894.

M. Anatole France laissa errer un moment ses regards sur les livres qui, silencieux, étageaient leur vanité, sur les sourires éternels des portraits, sur la rigide mollesse des statuettes — et il soupira.

Dehors la foule marchait doucement, en la tristesse indulgente du soir.

Et la caressante inquiétude qui gagnait toutes les âmes ne respectait pas l'âme de M. Anatole France.

Il chercha par delà ses tableaux et ses bustes quelque chose qu'il ne trouva point ; il remua quelques papiers, balança une plume, puis, avec un geste de résignation et de résolution, tomba à genoux.

L'ironie des philosophes qui, évadée de la bibliothèque, vaguait par la chambre, se troubla puis s'enfuit parmi la poussière ; rien ne bougea plus : les yeux mêmes des femmes peintes s'éteignirent, les ors des reliures se firent humbles et M. France put prier avec la voix qu'il prend lorsqu'il lit les poètes. Et cette voix où il y avait tout le lointain du respect, toute la subtibilité des baisers tenta de convaincre, de séduire les cieux.

I

« 1. — A cette heure, dit-il, où tu souffris pour nous donner un Dieu, je veux t'adorer, Vierge-Mère. A cette heure où, de la houle prosternée des églises, un chant d'amour — trop attendu — monte vers toi, je veux te supplier le plus humblement possible et te dire ma passion pleurante.

2. — Et je te remercie de me permettre cette oraison.

3. — Ah ! ma Dame ! Ah ! Mère, je suis un malheureux pécheur ! Me pardonneras-tu jamais mes fautes, souriras-tu

à mon néant ? Mère, mère, j'ai vécu parmi le péché : j'ai noyé mon âme en toutes les horreurs profanes, j'ai trouvé de la beauté à ceux qui te niaient, j'ai admiré, ceux qui rejetaient avec mépris la douceur de ton nom et de tes yeux.

4.—Et cependant j'aurais voulu vivre en un éternel tête à tête avec toi,et, en la splendeur païenne de la chambre où je t'implore, je regrette sans la connaître, sans devoir, hélas ! la connaître jamais ! la somptueuse nudité des cieux.

5. — Ah ! qui me donnera la robe du moine et l'orgueil nécessaire pour m'en revêtir? Grottes, cavernes où l'esprit divin vient visiter les hommes, cachots où l'on ne quitte les fers que pour s'élancer parmi les anges, lions aimables qui, d'un coup de dent, faites les saints, pourquoi m'avez-vous refusé tout votre charme, toute votre beauté ?

Hélas ! voici que je vais vieillir, mélancolique, parmi des textes trop secourables et des dames trop enthousiastes !

6. — Et la vanité du monde saura continuer à me toucher.

7. — Mère, Mère,puisqu'en cet instant je m'abandonne à vous, puisqu'en cet instant, je crois en vous, éclairez-moi, conseillez-moi, consolez-moi ! »

II

M. France qui semblait très las prit la posture convenant aux gens qui vont être surpris par un miracle.

Mais le miracle ne vint pas.

III

M. France fit alors un effort et continua :

« Oui, j'aurais voulu vivre dans un désert, jouissant du mépris des hommes, avec tout juste ce qu'il faut d'ouïe pour entendre vos louanges, avec tout juste ce qu'il faut de voix pour chanter votre bonté.

Votre miséricorde ne l'a pas permis.

Elle m'a condamné à l'admiration publique, elle a obligé

mes oreilles à se plaire au rythme des mers, au bruissement des vers, elle a obligé ma langue à approuver, à célébrer tout d'une égale mélodie, elle ne m'a même pas accordé le privilège de savoir aimer, de savoir goûter la douceur, la sainteté de la misère.

Et je vous bénirais, ma Souveraine, pour toutes ces infortunes que vous m'avez infligées, si vous n'y aviez ajouté une torture plus grande, une torture atroce. Hélas ! vous m'avez soufflé l'impiété et le doute et vous me laissez m'acharner en mon erreur. Vous m'avez prêté de la grâce, de la persuasion et la moins détestable rhétorique pour incliner les hommes à la caresse du scepticisme, pour ôter à la Vertu toute son auréole de majesté et d'âpreté.

Et j'ai semé pour tous la terre de plaisirs et de faciles délices ; j'aurai voilé son horreur, j'aurai détourné de vous des cœurs douloureux.

Hélas, hélas ! je vous aime et j'ai prêché l'ignorance de Dieu, j'ai enseigné les sourires d'irrespect, et, lorsque je louais les saints, aux accents de ma lyre, de mon théorbe liturgique, se mêlait je ne sais quel air de flûte persifleuse. Hélas ! hélas ! je suis maudit ! »

IV

M. France se lamentait avec patience. Il s'arrêta ici un peu malgré lui, des mots lui montaient aux lèvres, des mots qu'il sentait agréables et qui, en leur tristesse, l'auraient enchanté lui-même.

Mais une angoisse, une attente interrompait son éloquence désolée.

L'apparition était proche.

Le poète ferma les yeux pour n'être pas tenté, pour ne pas regarder ses livres, ses statuettes, ses papiers qui le suppliaient, qui le requéraient.

V

Quand il les rouvrit, une belle femme était devant lui qui secouait sa chevelure. Il la regarda stupide.

« Je suis celle que tu invoques, lui dit-elle. »

M. France ne se réjouit pas. Il devint plus mélancolique encore.

« Hélas ! gémit-il, hélas ! ce n'est pas vous que j'implorais. Et, en l'immense volupté que j'éprouve, pécheur, à admirer votre bienveillance et votre éclat, se cache quelque amertume. »

— « Je te comprends, dit-elle. »

Elle souriait.

« Ah ! pauvre homme, tu pleurais tout à l'heure tes impiétés et tes doux blasphèmes. Mais ne sais-je pas que c'est par amour pour moi que tu blasphèmes, que tu psalmodies ces impiétés ? Ne sais-je pas que, avec les pièces d'argent que tu tires de ces airs de flûte, tu achètes mes images, celles surtout qu'ont tracées d'un pinceau fulgurant et humble, les Italiens des XIVe et XVe siècles ?

Et ces portraits qui ne se ressemblent pas toujours, ne me ressemblent pas.

Tu aurais voulu que je descendisse d'un cadre de Raphaël ou de Luini : cela m'est impossible. »

— « Ce n'est pas cela, s'éplora M. France. Et je sens bien mon malheur. Ce n'est pas là la Vierge qui apparut aux saints et aux saintes, qui éclaire les simples, qui affole Bernadette. Non, ce n'est pas elle. Et je vois que je suis indigne de contempler ainsi la Mère de Dieu. Celle que je vois est certainement une Vierge qui m'est particulière.

Et puisque je suis en une minute de foi — je ne doute pas de sa divinité mais je distingue qu'elle est trop belle et trop pure. C'est une Vierge qui vient de Bethléem en passant par Athènes, par Alexandrie et par Rome.

Hélas ! je crains de remarquer en elle le coup de pouce de Praxitèle, de Phidias, de Platon, de Virgile et de M. Renan. Ah ! Mère, si je vous apercevais à Assise ou en Bretagne, si vous n'aviez pas autour de vous ces méchants livres, ces détestables tableaux, vous seriez autre.

Hélas ! hélas ! ma joie n'est pas complète ! »

VI

Marie souriait toujours. Et, en son sourire, elle se transfigurait.

Quand M. France se risqua à la regarder de nouveau, il vit la Vierge des Pauvres, des Anges et des Saints.

Il la salua — sans extase. Cette fantasmagorie lui semblait déplaisante.

Mais la Vierge lui parlait — d'une voix plus douce que le murmure des étoiles.

« Mon fils, je t'aime autant que tu m'aimes. Pourquoi craindre ? Rien ne nous est plus agréable que la prière d'un coupable. Et, de plus bas qu'elle sort, plus humblement elle serpente, parmi le parfum des fautes, des faiblesses et des crimes, avant de nous arriver, tremblante et ténue, plus elle nous attendrit.

La prière d'un saint est chose horrible ! vainement elle se fait suppliante et obséquieuse : ce n'est pas un encens honteux qu'il nous adresse, c'est une flèche qu'il nous lance, c'est un brandon qu'il agite contre nous !

Ah ! la belle semence de prières, la belle semence de pardons et de joie pour Dieu, qu'est la faute !

Ne pas pécher, c'est ne pas permettre à Dieu de se montrer bon, c'est une insulte à sa mansuétude, à sa miséricorde, à sa grandeur ! »

Alors M. France s'abandonna à la clémence du ciel.

Il frappa sa poitrine et dit : « Mère, j'ai péché ! »

La caressante indulgence de la Vierge lui devenait insupportable. Il avait soif de torture, et, s'il avait été sûr d'être terriblement châtié, il eût volontiers blasphémé — tant il se sentait indigne, tant il aimait Marie.

Mais elle souriait toujours.

« Mon fils, dit-elle, je lis en ton cœur et je t'admire. En ce moment où tu te laisses — non sans plaisir — consumer par le repentir le plus chrétien, tu ne peux t'empêcher de reconnaître, de découvrir, de chérir en moi le fantôme subtil d'Aphrodite et d'Athéné. En moi tu n'adores pas seulement la Mère du Sauveur, tu adores toutes les Déesses, toutes les Femmes, la Femme, la Beauté et l'Amour.

Ah ! tu me repoussais tout à l'heure parce que je n'étais pas semblable à ton rêve, et maintenant que j'ai satisfait ton désir, que je me suis montrée comme tu me voulais, tu m'imposes un masque, tu m'imposes mille masques avant de consentir à apercevoir ma Beauté.

Ah ! combien je t'aime, mon Fidèle et combien ton humilité m'est précieuse !

Dieu, je te haïrais, homme, tu m'enchantes. Et tu as bien voulu être homme. »

M. France s'abîma en une mélancolie plus profonde ;

« Vierge, dit-il, ne m'accablez pas. Et puisque vous condescendez à déchiffrer mon cœur misérable, puisque vous m'éclairez, hélas ! sur des sentiments vagues et déplorables, voyez l'horreur que j'ai pour moi !

A genoux, en cette chambre solitaire, en la nuit secourable, mes plaintes s'échappent et me soulagent, et je puis, loin des yeux indiscrets, me montrer cendre et poussière dolente, faire monter vers le ciel mes sanglots.

J'ai maintenant le bonheur de pouvoir pleurer — je ne l'ai pas toujours.

Alors je me déplais infiniment et je songe à votre miséricorde sans vouloir l'implorer, sans oser vous prier.

Et j'échappe aux hommes : leur sottise ne pèse plus sur moi : je n'ai plus besoin de plaisanter ou d'être grave, je ne suis plus un fragment d'un vaste monument de petitesse : exilé, je puis revoir ma patrie lointaine ; supérieur à la vie que je vis, à laquelle je ne suis plus rattaché par aucun désir, je puis essayer de contempler, à travers une brume propice, une existence plus haute — et c'est celle de vos compagnons, Marie.

Pourtant en ces instants, je ne suis pas encore libre. Je suis possédé par la terre et je ne puis que l'oublier — sans pouvoir m'empêcher d'y rester enchaîné.

Ah ! je médisais tout à l'heure des tableaux et des livres — et c'est mon recours.

C'est par eux que je vais vers vous.

Permettez-moi, Vierge, de chanter leur gloire.

Sources d'éternelle beauté et d'éternelle vie, morceaux de toile bigarrée qui êtes la Pureté et la Douleur, vous faites oublier les ouvriers qui vous formèrent et qui, passifs outils, mendiaient aux papes non une auréole mais des ducats, qui mendiaient aux courtisanes des sourires.

Intruments de mélancolie, âmes vêtues de blanc et de rouge, je me tourne vers vous en ma tristesse, en mon néant.

Vous avez les yeux que je n'ai pu voir dans les foules,

vous avez la force et la grâce, vous avez cette chose parfaite qu'est l'éternité dans la beauté, le silence et la mort. Ah ! souvent je vous demande de me montrer la Terre promise, le Royaume d'Irréel que nous n'osons souhaiter, et vous m'ouvrez les portes pâles du Rêve, vous écartez de moi les pas lourds du peuple et les poches lourdes des Riches.

Et vous, livres chers, livres muets, je suis sous la protection, sous la garde des génies et des sots qui vous ont composés ; je sens leur fraternité câline, leur bienveillance apitoyée qui me caressent et me consolent.

Vous n'êtes pas seulement du papier et de la rouille et les âmes de vos auteurs, embuées du souffle divin qui les effleurait lorsqu'ils vous écrivaient, viennent transfigurer cette chambre par leur présence et leur sympathie.

Amis épars, vous pleurez avec moi, vous pleurez sur moi, vous pleurez sur le monde. Vous aussi, vous avez été exilés en cette vie, vous n'avez pas eu cette part de sérénité et d'isolement qui vous était dûe, vous avez ri avec des imbéciles — et vous avez pleuré par eux.

Ah ! Mère, permettez-moi de croire que vous visitez en même temps que moi ces compagnons discrets.

Vous savez maintenant l'angoisse de mes nuits et ma misère éternelle.

Ah ! je me déplais à moi-même ! »

VII

Le sourire de la Vierge était devenu plus lumineux et plus tendre :

« Non, dit-elle. Tu te plais infiniment et tes nuits sont calmes et belles. Si tu ne souris plus, tu prépares laborieusement tes sourires du lendemain.

Et si tu déranges l'harmonie de ta bibliothèque, c'est pour y chercher non des âmes, mais des textes.

Puis, sans embrasser du regard l'étoile qui, en son éternité lassée, t'indique toujours, apeurée et clignotante, le bon chemin que tu ne trouves pas, dont tu n'as pas souci, tu chausses tes lunettes, et, scribe mélancolique, tu écris des histoires joyeuses.

Et je t'en remercie. »

VIII

Alors M. France s'écria en une ferveur amère :

« Vous m'avez donné toute l'horreur de l'impie et toute l'horreur du prêtre...»

Mais sa phrase se fermait, en une boucle harmonieuse. Et le blasphème s'arrêtait.

M. France répéta, plus sombre :

« Vous m'avez donné toute l'horreur de l'impie et toute l'horreur du prêtre. »

IX

La Vierge continuait :

« Ah ! mon cher enfant, qui pourra dire toute ton humilité ? Tu n'oses pas te donner l'ardente majesté de la Vertu, de la Foi, du Repentir : tu ne veux pas être Dieu et si tu acceptes la splendeur du Verbe que je t'ai prêtée, c'est que tu ne sais pas qu'elle te vient de moi.

Tu condescends merveilleusement à l'horreur ténue du scepticisme, des petits défauts humains, tu en voiles la beauté saignante de ton âme, sa beauté que tu détestes, que tu te défends d'apercevoir, tu oublies les temps encore peu éloignés où, Dieu, tu as chanté sur la plus chrétienne et sur la plus pure des lyres la Pureté, la Chasteté, la grâce des jeunes vierges, la force candide des jeunes hommes, la Douleur, l'Innocence des petits êtres aux yeux encore embués d'éternité.

Et, tremblant sans doute de voir en ton cœur des flammes aussi nobles, d'entendre en ta gorge des hymnes aussi mélodieuses, tu t'es enfui loin de ces flammes, *loin de Ta Beauté*. Ah ! tu ne voulais pas être tenté, tu craignais la caresse du véritable, du seul Orgueil.

Et, alors que tu pouvais, que tu devais être un Ange-Apôtre, tu as voulu être scribe — par haine de la Vanité. Tu as été ton chemin, en une lenteur sûre, tu t'es écarté de mes autels pour aller à je ne sais quel infini de doute, sans voir que tu me suivais, que je te conduisais par la main, que je t'aimais, en ton abominable modestie.

Et tu as célébré les saintetés faciles, tu as enseigné, tu as chéri la somptueuse vanité de la Chair, tu as adoré, en leur néant, la Matière et l'Existence.

Et quand, en déroulant tes fécondes plaisanteries, tu n'as pas échappé à la grandeur, à l'héroïsme, tu t'es détourné de toi en raillant, et tu as quitté ce masque incommode.

Ah ! mon cher enfant ! mon cher enfant !

Et quand tu as amené les hommes en haut d'une âpre montagne, quand, de ce sommet tu leur as fait toucher du doigt toute la Beauté, toute la Justice, la Raison la plus sévère, la plus nouvelle et la plus large, l'azur même de mon ciel et de ma robe, brusquement, tu fais disparaître et haïr cette montagne, tu rejette ces êtres haletants d'enthousiasme parmi la tourbe détestée. Et ce sont croupes de nymphes, verdures savoureuses qui font éviter l'austère volupté du martyre et la douceur de la mort. Et tu souris, tu es heureux, tu sembles dire : « Voilà. Ceux que je peins sont des hommes et lorsqu'ils se sont hissés jusqu'aux étoiles, la force vient à leur manquer et une légère teinte de ridicule vient nous rendre ces évadés. Et moi aussi je suis homme et je veux m'en souvenir, me garder, vous garder des hauteurs trop audacieuses, d'une Beauté trop hautaine, d'une Pureté trop scandaleuse. »

Et tu es tellement humble que tu te complais en la pensée de l'empire que tu t'es créé sur les âmes faibles. Tu doutes même de ton âme — et tu doutes moins de ton corps.

Tu es indulgent à l'humilité du pédantisme.

Tu as usé des jours et des nuits à amoindrir ton être en lisant, et, parce que tu n'ignores pas que dire : « Je sais beaucoup » c'est dire : « Je ne sais pas », tu ne gardes pas le secret sur ta science.

Or, tandis que tu laisses errer le long des étoiles fraternelles la molle théorie de tes légendes et de tes rêves et que, au fonds du puits consacré, au fonds du puits où le plus subtil de mes serviteurs vit la sérénité et le bonheur de ma Claire, se blottit et se cache la Vérité, émerveillée de ces récits, honteuse d'être si laide, d'être si humble, d'être la Vérité.

Tu ne sais pas pourquoi tu chantes ces contes, pourquoi tu as écris tes livres.

C'est que la divinité pousse, malgré eux, la main à quelques hommes. Ils se croient des âmes hardies et révoltées, envahies par un doute très doux qui les caresse et qui les grise, qui leur fait trouver bonne l'existence, belles les femmes, heureux les épicuriens.

Ils sont les jouets d'une volonté plus puissante.

L'esprit divin a donné à ces chevaux une joyeuse avoine. Et ces instruments trouvent une tranquillité béate en des occupations qui semblent être les pires tourments moraux.

En dépouillant mon Christ de son auréole, M. Renan avait approché des hommes le Dieu lointain ; en lui enlevant — avec quel art, quelles précautions ! — sa divinité tumultueuse et éblouissante, il vous l'avait fait mieux connaître et mieux aimer.

Et c'était Jésus qui l'inspirait : l'adorable humilité du Sauveur se donnait le plaisir d'une humiliation nouvelle, il voulait se présenter plus pauvre et plus nu que jamais aux regards et aux cœurs de la foule.

Tu dirais qu'il a voulu « être adoré pour lui-même » et tu dirais vrai.

Pour rappeler à cet homme qu'il était homme, nous lui avions donné un corps presque grotesque ; pour le récompenser de son involontaire obéissance, nous lui avions accordé un style délicieux, la félicité terrestre, la gloire humaine.

Nous t'avons plus favorisé.

Et maintenant réjouis-toi !

Tu te lamentais tout à l'heure sur les âmes que tu perdais : réjouis-toi, elles sont sauvées !

Enfant, une belle phrase est un hymne.

Et puis que reste-t-il de tes phrases ?

Une douceur qui pénètre, un parfum qui serpente, qui enveloppe et qui demeure.

Et les jeunes hommes penchés sur tes livres, sur cet incomparable manuel bibliographique qu'est ton œuvre, te béniront parce qu'ils y retrouveront les souvenirs, les mots, les âmes des vieux maîtres qui les auront fait frémir d'enthousiasme, les âmes des amantes qu'ils auront souhaitées et possédées sans les rencontrer, parce qu'ils y verront vivre leurs rêves, et ils pleureront parce que leur mélancolie viendra les chercher entre les feuillets, parée de myrtes rares et d'asphodèles étranges.

Et tu seras sacré à tous.

Et tu es saint,

Parce que tu as voulu être, parce que tu as su être un pauvre homme.

X

M. France, peut-être sans écouter et sans entendre, branlait la tête en soupirant toujours :

« Je suis un pauvre homme. »

XI

Alors, toute ruisselante des premiers rayons du jour, la Vierge se pencha vers le poète et le baisa sur le front.

XII

Une flamme brilla alors dans les yeux de M. France.

« Oh ! cria-t-il, je vais mourir d'allégresse, oh ! ce baiser ! ce baiser ! »

Mais la Vierge l'arrêta.

« Ah ! tais-toi ! supplia-t-elle. Ne sais-je pas quelle pensée t'a apportée ce baiser ?

Ce baiser t'a fait songer aux deux mains que Judas posa sur la tête d'un prêtre fou et, sous ma caresse, tu as regretté la caresse du traître, la caresse que tu as chantée !

Et tu ne m'aimes plus, tu n'aimes plus que les misérables et tu échangerais mon baiser non seulement pour le baiser du Maudit, cette volupté sans pareille, mais pour le baiser le plus amer de la déplorable prostituée, — si cela pouvait lui faire plaisir ! »

Et M. France ici ne courba plus la tête ; il la leva au ciel par dessus l'apparition divine ; il clama, hagard :

« Marie, Marie, je bénis votre nom divin.

Je le bénis à cause du baiser fécond que vous m'avez offert, à cause des paroles que vous venez de prononcer.

Et je comprends pourquoi je ne détestais pas Judas.

JÉSUS-JUDAS ! j'aime à me représenter ces deux noms à un seul être et le martyre du Christ ne serait pas assez complet s'il n'avait pas incarné ces deux personnages !

Jésus-Judas ! Nom adorable qui me ravit et qui m'enivre !

Et c'est Jésus qui fut Judas !

Et c'est Judas qui fut Jésus !

C'est le Crucifié qui se crucifia, c'est le livré qui se livra — tant il craignait de ne pas nous sauver ! Ah ! mon Dieu, je vous aime doublement et mon cœur déborde d'admiration délirante.

Ah ! Marie, dites-moi que je ne me trompe pas. »

XIII

Mais la Vierge avait disparu.

Le jour tombait très vite et très triste.

Subitement M. France se sentit fort las.

Il voulut secouer ses délices et sa fatigue, mais ses yeux aveuglés par des visions trop douces se fermaient malgré lui.

Et il se sentait vide.

Il se traîna vers son haut lit à colonnes, se déshabilla lentement.

Et, tandis que, dans les maisons voisines, des enfants remerciaient la bonté subtile de Noël, M. France s'endormit, l'âme obscure, en murmurant, sans le vouloir, un Pater lointain : « Notre Père qui êtes aux cieux........................
........Et pardonnez-nous nos offenses comme nous pardonnons à ceux qui nous ont offensés. Ainsi soit-il ! »

FIN

Monsieur,

La Prière d'Anatole France a paru (ou n'a pas paru) en mars 1895. Deux cents exemplaires dont une quarantaine fut envoyée à des gens.(1) La Bibliothèque nationale en a un exemplaire, je ne sais comment : il n'y a pas eu de dépôt légal. Vous pouvez l'y voir. Réimprimée dans *les Nuits, les ennuis et les âmes de nos plus notoires contemporains* (Paris, librairie académique, mai 1896) avec *les Étapes d'un chef d'œuvre* (*Thaïs*) parues dans *la Revue bleue* en sept. 1895. J'ai publié encore un article dans *Gil Blas* sur la préface de votre bonhomme au livre de Combes (1903), un papier sur son élection à *la Revue blanche* (1895) sur sa réception au *Journal* (1896) et un tas de portraits, etc., etc.

Trouvez ici mes sentiments confraternels,

Ernest La Jeunesse

Je publierai peut-être un manuscrit illustré de *la Prière* mais ce ne sera que de la vieillerie.

E. J.

(1) Le reste a absolument disparu. Les brochures envoyées aussi, du reste.

29 AOUT 16 H BD DES ITALIENS

29 AOUT 16 H BD DES ITALIENS

10c POSTES

Monsieur Jacques Lion

74 rue d'Hauteville

Paris X^e

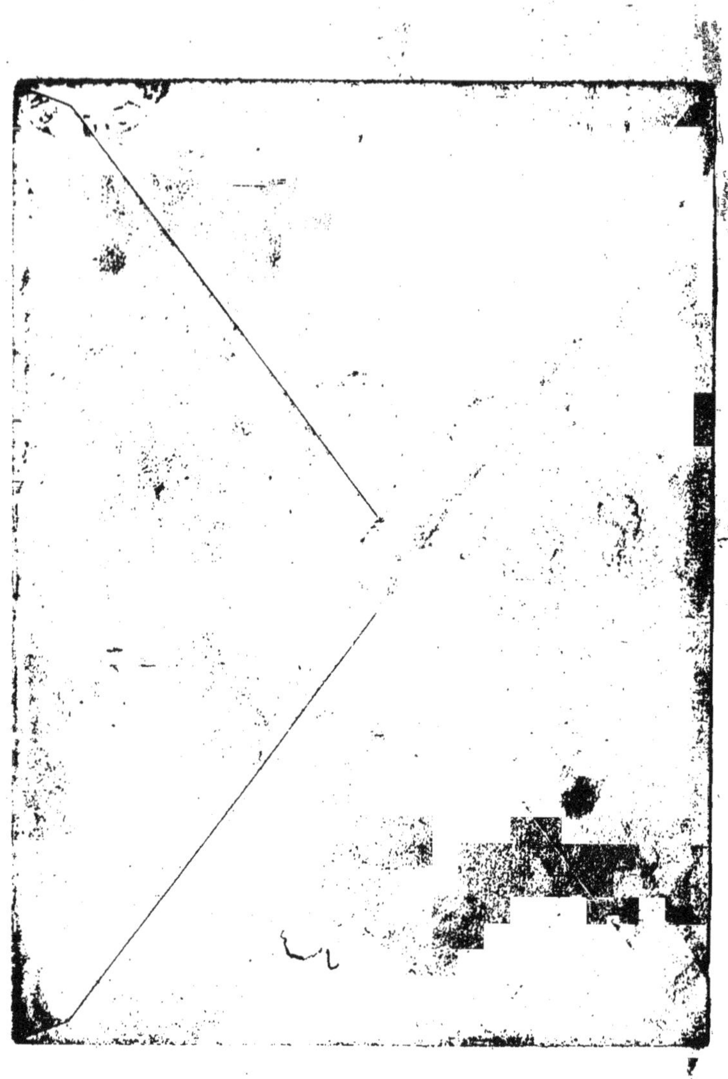

www.ingramcontent.com/pod-product-compliance
Ingram Content Group UK Ltd.
Pitfield, Milton Keynes, MK11 3LW, UK
UKHW022151260726
13993UKWH00005B/2303